CATALOGUE GÉNÉRAL

DES

CÉLÉBRITÉS CONTEMPORAINES

PHOTOGRAPHIÉES

EN

CARTES DE VISITE

CHARLES GAUDIN

117, BOULEVART SÉBASTOPOL, 117

EN FACE LA RUE DU PONCEAU

PARIS

1861

CATALOGUE

DES

CÉLÉBRITÉS CONTEMPORAINES

FAMILLE IMPÉRIALE

S. M. Napoléon III.
S. M. l'Impératrice.
S. A. le Prince Impérial.
S. A. I. le Prince Jérôme.
S. A. I. le Prince Napoléon.
S. A. I. la Princesse Clotilde.
L'Empereur Napoléon Ier.
L'Impératrice Joséphine.
Napoléon II, duc de Reichstadt.
La Reine Hortense.

1861

MM.

Albert (S. A. R. le prince).
Albe (duc d').
Albe (enfants du duc d'Albe).
Abadie, général.
Abd-el-kader.
Adleberg (comte d').
Admed-Ban-Bandouça.
Achard, général.
Aly-Pacha.
About (Edmond).
Albéric Second.
Alexandre, général.
Alexandre Ier, Empereur de Russie.
Algara, général.
Alary, compositeur.
Albini, contre-amiral sarde.
Alwens.
Alphonse Karr.
Alaze (vicomte), général.
Abd-ul-Medjid, sultan.
Angoulême (duc d').
Aumale (duc d').
Aost (duc (d').
Andlau (comte d').
Armingaud (violon).
Annoni, général italien.
Arrigo, lieutenant italien.
Armerot, amiral.

Albmatoff, général.
Ambert, (baron) général.
Aragon de Fitou (comte d'), général.
Almonti, général.
Audigier (Henri d').
Ali-Ben Ismaïl.
Astley (lord)
Azzeglio (d'), chevalier.
Antonnini (S. E. le marquis).
Anconna (d', S. E.)
Antonelli (le cardinal).
Abel de Pujol, peintre.
Arban, musicien.
Anicet-Bourgeois.
Archiduc Joseph d'Autriche.
» Léopold.
» Albert.
» Guillaume.
» Ernest.
» Charles-Louis.
» Rainer.
» Maximilien.
Auber, compositeur.
Ascher, pianiste de S. M. l'Impératrice.
Arles Dufour.
Arsène Houssaye.
Auguste Maquet.
Adolphe Adam.
Alary.
Ary-Scheffer.

Alfred de Musset.
Amanton, évêque de Mossiralchie.
Archambau (les deux docteurs).
Arago (François).
Augier (Emile).
Aurélien Scholl.
Autriche (Empereur d').
Arambert (prince d').
Ascoli (duc de).

Arnal.
Albert (Variétés).
Alexandre (Variétés).
Alexandre (Délassements-Comiques).
Auriol.
Altervil (Cirque).
Anglo-Américain (groupe de l'Hippodrome).
Amédée (Folies-Dramatiques.
Albert (Ambigu).
Angelini (Italiens).
Ambroise (Opéra-Comique).
Albert (Opéra-Comique).
Ariste (Théâtre-Français).
Aubrée (Vaudeville).
Amant (Palais-Royal).

Bonaparte (le prince de Canino).
» (l'abbé).
» (Joseph).
» (Paterson père).
» (Paterson fils).
Balzac.
Baroche, ministre.
Billault, ministre.
Bouet Willaumez, contre-amiral.
Bataille, général.
Beuret, général.
Bibikoff, général.
Bosco, général.
Bosquet, maréchal.
Bougenel.
Boutourline.
Broglie (duc de).
Brown (Georges).
Bruce.
Brunot.
Bacchiochi (comte).
Bacmetef.
Barbarou, sénateur.
Barante (baron de).
Bassano (duc de).
Blucher de Walhstadt (comte).
Benoit Champy.
Boitelle, préfet de police.
Bourbon de Chalus (comte).

Bruce (lord Thomas).
Bernard (le R. P.).
Batta, violoncelliste.
Barbier, compositeur.
Banville (Th. de).
Beaumont (de).
Boieldieu.
Beriot (de), violon.
Beyran, médecin.
Boniface, journaliste.
Bieville (de), journaliste.
Bourgoin (de), journaliste.
Bravo-Murillo.
Boudinet (Monseigneur), évêque d'Amiens.
Béranger.
Bugeaud, maréchal.
Beethoven.
Bardi (comte de).
Brincourt, colonel du 1er zouave.
Bossuet.
Bourbon-Condé.
Bertall, peintre.
Bignicourt (de), auteur.
Bade (le grand-duc de).
Bridford, capitaine garibaldien, Anglais.
Bonassi, lieutenant italien.
Bourqueney (baron de).
Brunow (baron de).
Bentzmann, général (expédition de Chine).
Brabant (duc de).

Berryer, avocat.
Barrière (Th.), auteur.
Boivin.
Baucher, professeur d'équitation.
Berry (duc de).
Belges (roi des).
Buol (comte).
Berlioz, compositeur.
Bonnefoy, prédicateur.
Bonald (cardinal de).
Bonnechose, archevêque de Rouen.
Benedek, feld-maréchal.
Bonchamps, Vendéen.
Beaudelaire, homme de lettres.
Babou.
Bataillard.
Baralle (Alphonse), homme de lettres.
Brougham (lord).
Blanc (Louis).
Barthélemy Saint-Hilaire.
Bright (Parlement anglais).
Brewter (sir David).
Brown, peintre.
Berger, professeur de billard.

Bressant (Théâtre-Français).
Brasseur (Palais-Royal).
Blondel (Gymnase).

Bazin (Variétés).
Barré (Théâtre-Français).
Blaisot (Gymnase).
Berton fils (Gymnase).
Berthier (Opéra-Comique).
Balanqué (Théâtre-Lyrique).
Baucé (Théâtre-Lyrique).
Brun (Abel) (Théâtre-Déjazet).
Boudeville.
Blondelet (Variétés).
Bonnet (Bouffes).
Barielle (Opéra-Comique).
Baucarde (Théâtre-Italien).
Bauchet (Opéra).
Bertellier (Opéra-Comique).
Bocage.
Bonnehée (Opéra).
Bastien (Vaudeville).
Boisselot (Vaudeville).
Balard (Vaudeville).
Belval (Opéra).
Berthier (Opéra).
Bataille (Théâtre-Lyrique).
Brindeau.
Boutin (Cirque-Impérial).
Barbot (Opéra-Comique).
Bouffé.

Cavour (comte de).
Carignan (prince de).
Capoue (prince de).
Cambacérès (duc de).
Canrobert, maréchal.
Castellane, maréchal.
Casi, amiral.
Cécile (vicomte de), amiral.
Cabréra, général.
Camou, général.
Castries (de).
Chabot-Latour.
Chalons.
Charron.
Chasseloup-Laubat.
Clapowskai.
Concha.
Couderc, membre de l'Institut.
Cambridge (duc de).
Cadore (marquis de)
Cadoudal (Georges).
Cavaignac, général.
Cathelineau.
Carlos-Yrarte, peintre.
Chambord (comte de).
Crémieux.
Colbert.
Comettant (Oscar).
Changarnier.

Champion.
Cœur, évêque de Troyes.
Couza (prince).
Cousin.
Charette, général.
Chevigné (comte de).
Châteaubriand.
Charles X.
Coquerel (Athanase).
Constantin (grand-duc).
Condé (grand).
Charles-Albert, roi de Sardaigne.
Corsi, ministre italien.
Couvin, général, et ses aides-de-camp.
Charles XV, roi de Suède.
Cucheval-Clarigny, journaliste.
Clarendon (lod).
Charner, amiral (expédition de Chine).
Cramayel (marquis de), général.
Chevalier (Michel)
Caston (de), prestidigitateur.
Conneau, docteur-médecin de l'Empereur.
Cler (général).
Cowley (lord).
Chopin, compositeur.
Chalandon (Monseigneur), archevêque d'Aix.
Champfleury, homme de lettres.
Courcy (Ch. de), homme de lettres.
Crémieux (Hector), homme de lettres.
Cuzon, journaliste.

Coligny (Ch.), journaliste.
Calvin.
Cambos, sculpteur.
Creissels, sculpteur.
Crillon (duc de), général.
Clary (baron).
Cœllo de Portugal (S. E.).
Craworth (lord).
Cham, peintre.
Courbet, peintre
Cochinat (Victor).
Coignard (Th.).
Coignard (Hipp.).
Chartres (duc de).
Czartoriski (le prince) avec ses fils.
Carrier, sculpteur.

Corali (Opéra).
Chapuy (Opéra).
Caussade (Opéra-Comique).
Chaumont (Vaudeville).
Christian (Variétés).
Crosti (Opéra-Comique).
Colbrun (Cirque).
Cœuillette (Théâtre-Lyrique).
Castellano (Ambigu-Comique).
Casimir (Folies-Dramatiques).
Couderc (Délassements-Comiques)

Capello (Italiens).
Charier (Variétés).
Courtès (Ambigu).
Cléophas (Opéra).
Cornet (Opéra).
Calvin (Folies-Dramatiques).

Delangle (S. Ex.).
Delarue (de Beaumarchais), général.
Damas (de), général.
Dumas, général.
Durieu, général.
Decazes (duc).
Duchatel (comte).
Dupin aîné.
Devinck, député.
Decamps, peintre.
Delaage, écrivain.
Dupanloup, évêque d'Orléans.
David (Félicien).
D'Asper, feld-maréchal.
Dho (de), général.
Delau, docteur.
Dufaure, avocat.
Danilo (prince).
Dejally, peintre.
Dumas, sénateur.
Dubuffe.
Dumas (Alexandre).
Dufentre, évêque.
Dauphin (Le).
Donnet, archevêque de Bordeaux.
Donizetti, compositeur.
Dantan.
D'Enghien (duc).
D'Orléans (duc)

Després, archevêque de Toulouse.
Dickens (Charles).
D'Aigremont, général.
Dembiski.
Doucet (Camille).
Deslandes-Reymond.
Desnoyers (Louis).
Duvert.
Doré (Gustave), peintre.

Duprez (Opéra).
Dumestre (Opéra).
Dupuis (Gymnase).
Delanoy (Palais-Royal).
Delaunay (Français).
Delaunay-Riquier (Théâtre-Lyrique).
Dufresne (Opéra).
Duvernoy fils (Opéra-Comique).
Dubary (Odéon).
Desrieux (Gymnase).
Delacroix (Ambigu).
Dumaine (Gaîté))
Derval (Gymnase).
Darcier (Cirque-Impérial)
Desmonts (Bouffes).
Désiré (Bouffes).

Empereur d'Autriche.
» de Chine.
Ehrmann, de la faculté de Strasbourg.
Espartéro.
Espinasse, général.
Elgin (lord).
Elio, général.
Ernest, archiduc d'Autriche.
Escayrac (de Lauture d').
Emile de Girardin.
Estherazy (prince Paul d').
Escande, auteur.
Enault (Louis).

François II, roi de Naples.
Ferdinand VII, roi d'Espagne.
Fernand de Bourbon.
Furstemberg (prince de).
Fénelon, général.
Fleury, général.
Forey, général.
Fontenoy, général.
Farini fils.
Falloux (de).
Fould (Achille).
Flahault (comte de).
Frédéric-Guillaume de Prusse.

Forton (marquis de), général.
Favre (Jules).
Fortoul, ancien ministre.
Frossard, général.
Franconnière, général.
Falco, vice-amiral.
Farini, ministre italien.
Ferrari, colonel.
Froidefond, colonel.
Fuad-Pacha.
Flandre (comte de).
Frédéric (Charles) de Prusse.
Favet, colonel.
Fournier (Edouard).
Francis Wey.
Francisque Sarcey, homme de lettres.
Flaubert (Gustave), homme de lettres.
Fizelière (de la), journaliste.
François d'Assise, roi d'Espagne.
Féval (Paul).
Fournier (Marc).
Feydeau.
Feuillet (Octave).
Ferdinand Dugué.

Faure (Opéra-Comique).
Frerret (Opéra).
Fromant (Théâtre-Lyrique).

Fetchter.
Francisque jeune (Gymnase)
Febvre (Ambigu).
Félix (Vaudeville).
Faille (Ambigu).
Foulon (Ambigu).
Fréville (Odéon).

Garibaldi, général.
Glatoff, général.
Gortschakoff, général.
Grand, général.
Gudin, général.
Guedeonoff, général.
Grivel, amiral.
Grenffel, amiral.
Guwen, amiral.
Grandchamps, général.
Gadot, général.
Gros (baron).
Gyulay (feld-maréchal).
Geraldi, compositeur.
Gluck, compositeur.
Gounod, compositeur.
Gousset, archevêque de Reims.
Goyon (de), général.
Guizot.
Goëthe.
Gérard (Jules).
Gauthier (A.), peintre.
Gérard de Nerval.
Georges Sand.
Gustave (Aymard).
Galitzin (prince).
Gosse, évêque de Liverpool.
Gatechair, professeur d'escrime.
Geoffroy Saint-Hilaire.

Gabrielli (comte).
Goria, pianiste.
Godard, pianiste.
Guiod, général.
Guyon, général.
Grammont (duc de).
Gaujal (baron de).
Guéronnière (vicomte de la).
Grey (lord).
Grandville (lord).
Galbrun, peintre.
Gatayes (Léon).
Guéroult (Opinion Nationale).
Girardin (Emile de).
Groupe de l'Empereur et l'Impératrice d'Autriche.
» de Cobden, Bright, Michel Chevalier.
» des quatre Napoléon.

Gueymard (Opéra).
Gardoni (Théâtre-Italien).
Girardot (Théâtre-Lyrique).
Geffroy (Théâtre-Français).
Got (Théâtre-Français).
Grenier (Variétés).
Guyon (Folies-Dramatiques).
Grassot.
Geoffroy (Gymnase).
Gassier (Théâtre-Italien).

Giuglini (Théâtre-Italien).
Garaud (Théâtre-Français).
Guyot (théâtre des Bouffes).
Gaspard (Gaîté).
Gouget (Cirque-Impérial).
Graziani (Théâtre-Italien).
Gothi (Délassements).
Geoffroy (Théâtre-Déjazet).

Henri VII, prince de Reuss.
Hamelin, amiral.
Hernoux, amiral.
Hatzfeldt (comte de).
Hautpoul (marquis), général.
Hurbal (d'), général.
Herera, général.
Hitte (de la), général.
Howely, général.
Hubner (baron de).
Hébert, ancien ministre.
Heckeren (baron), sénateur.
Hassen-Hassen ben Kaïd.
Halevy, compositeur.
Hugo (Victor).
Hector Berlioz.
Henri Hertz.
Humel.
Havin.
Houssaye (Arsène).
Horace de Vieil-Castel.
Henri IV.
Haydn, compositeur.
Ingres, peintre.
Ignace de Loyola.
Ivoy (Paul d').

Hyacinthe (Palais-Royal).
Hoffmann (Folies-Dramatiques).
Holtzen (Opéra-Comique).
Heuzey (Variétés).
Hamburger (Vaudeville).

Joachim Murat.
Joseph Bonaparte.
José-Guell-y-Renté (prince).
Jaures, contre-amiral.
Jude.
Jussuf, général.
Jadin, peintre.
Jacquemet, évêque de Nantes.
Jelsch, pianiste.
Jacquard, violoncelliste.
Jacob, général.
Jallais, homme de lettres.
Joinville (prince de).
Jurien de la Gravière, amiral.
Jourdan (Louis).
Jules Janin.

Jourdan (Opéra-Comique).
Jouani (Théâtre-Français).
Jeault (Folies-Dramatiques).
Josse (théâtre de la Porte-Saint-Martin).
Joliet (Vaudeville).

Kisseleff (comte).
Kereddin, général.
Kotschoubey (prince Michel).
Kalergis, général.
Kalkbrener.
Klapka, général.
Kossuth, général.
Koch (Henri de).

Kœnig (Opéra).
Kime (Odéon).

Léopold Ier, roi des Belges.
Louis XIV.
Louis XV.
Lebarbier de Tinan, contre-amiral.
Laroncière-Lenoury (baron).
Lemercier (vicomte Anatole).
Lassère, général.
Lebœuf, général
Liniers (de), général.
Lion (comte), général.
Lion (E.), général.
Longuerue (comte de), général.
Lucan (comte de), général.
Larochefoucauld.
Lacroix (Paul).
Lawœstine (marquis de).
Lagrenée (de la).
Lesseps (de).
Lincoln, président des Etats-Unis.
Litta (duc de).
Levis (duc de).
Litolff.
Lablache.
Larrey, chirurgien.
Laisné, abbé.
Lamoricière, général.
Lapeyrouse, général.
Labouchère, peintre.
Lepaulle, peintre.

Léon Laya.
Latour-Maubourg (le marquis de).
Louis-Philippe Ier.
Louis XVI.
Louis XVII.
Louis XVIII.
Lacordaire (le R. P.).
Lavigerie (l'abbé).
Liewen (prince de).
Lille le comte de).
Legouran de Tromelin, contre-amiral.
Lichtenstein (prince de).
Lobkewitz (prince de).
Lafarina, ministre italien.
Lamormora, général italien.
Lamartine (de).
Lecourtier, prédicateur.
Labrousse, amiral.
Lassusse, amiral.
Lamy (Eugène), peintre.
Lecomte (Jules).
Lacroix (Jules).
Lajarte, compositeur.
Laurentie (de), homme de lettres.
Lausanne, homme de lettres.
Lovy (Jules), homme de lettres.
Lamy, sculpteur.
Lavieille, peintre.
Lapointe Savinien.
Lambert Thiboust.

Lacretelle (de).
Landriot (Monseigneur).
Level (Monseigneur).
Larangeria (Monseigneur).
Larochejacquelein (Henri), sénateur.
Lammenais.
Lescure, Vendéen.
Luther.
Listz.

Laferrière.
Lafontaine (Vaudeville).
Luguet (Palais-Royal).
Léotard.
Leclerc (Variétés).
Lalanne (Cirque-Impérial).
Legrand (Théâtre-Déjazet).
Lemaire (Opéra).
Lesage (Théâtre-Lyrique).
Léonce (Bouffes).
Legrand (Théâtre-Lyrique).
Leroy (Opéra).
Leménil père (théâtre de Saint-Pétersbourg).
Leménil fils (Gymnase).
Laurent (Porte-Saint-Martin).
Lenfant (Opéra).
Lafont (Gymnase).
Lebel (Cirque).

Loyal (Cirque).
Leroux (Comédie-Française).
Lhéritier (Palais-Royal).
Lassouche (Palais-Royal).
Landrol (Gymnase).
Latouche (Gaîté).
Lacressonnière (Ambigu).

Murat (Joachim).
Montémolin (comte).
Montpensier (duc de).
Morny (comte de).
Magne.
Magnan, maréchal.
Mac Mahon, maréchal.
Malakoff, maréchal.
Martimprey (de), général.
Marion, général.
Marulaz, général.
Mellinet, général.
Monnet (comte de).
Montebello, général.
Monréal (de), général.
Morris, général.
Motterouge (de), général.
Maupas (de), sénateur.
Menteufel (comte de).
Mocquart.
Mussurus-Bey.
Meneval (baron de).
Méhémet-Aly, pacha.
Maximilien d'Autriche.
Moskowa (prince de la).
Mavrocordato, ministre grec.
Metternih (prince de).
Montalembert.
Molard, général.

Minghetti, ministre italien.
Mazzini.
Médicis.
Missori, colonel italien.
Majocchi.
Manasse Effendi, peintre turc
Marchal (Ch.).
Mérimée.
Melesville.
Mignet.
Monselet (Ch.), écrivain.
Menjaud, archevêque de Bourges.
Montouro, évêque de Rovino.
Mettmann, général.
Michel Chevalier, sénateur.
Mario Uchard.
Marc Fournier.
Michelot.
Mozart.
Meyerber.
Membre.
Musart fils.
Magnus.
Melchior Mocker.
Mérode (cardinal de).
Montesquiou (de).
Montalivet (comte de).
Monaco (prince de).
Maudhuy, général.
Moreno, général commandant Saint-Cyr.

Mirabeau.
Mazarin.
Molière.
Matharel (de).
Moineaux jeune.
Muller, peintre.
Méry.
Meissonnier, peintre.
Millet, sculpteur.
Malézieux (Paul).
Murger (Henri).
Mahalin (Paul).
Marat.

Mario (Théâtre-Italien).
Meillet (Théâtre-Lyrique).
Munier (Vaudeville).
Michel (Alexandre) (Variétés)
Mirecourt (Théâtre-Français).
Maillart (Théâtre-Français).
Mathieu (Théâtre-Français).
Monrose (Théâtre-Français).
Massol (Opéra).
Mérante (Opéra).
Montaubry.
Monier (Henri).
Morelli (Opéra).
Marié (Opéra).

Mazillier (Opéra).
Manuel (Gaîté).
Machanette (Ambigu).
Markais (Folies-Dramatiques).
Menier (Paulin) (Folies-Dramatiques).
Moreau (Ambigu).
Marchand (Bouffes).

Nemours (duc de).
Naples (roi de).
Nicolas de Russie (prince).
Niel, maréchal.
Narvaez, maréchal.
Nevers (Monseigneur) (évèque de).
Nicolas de Nassau (prince).
Napoléon Pepoli (marquis).
Noue (comte de), général.
Négrier, général.
Nigra (comte).
Niol, général.
Nigra (chevalier).
Nilidoff, général.
Nadatdy, général.
Noriac (Jules).
Noailles (duc de).
Nicolas Orloff.
Nelson, amiral.
Nelaton, docteur.
Nieuwerkerke.
Naquet.
Nuitter, homme de lettres.
Nicolas Alexandrovitsch.
Napier.
Nadaud (Gustave).

Nathan (Opéra-Comique).
Neuville (Saint-Pétersbourg).
Niemann (Opéra).
Noirot (Délassements).
Noel (Cirque).

Orange (prince d').
Orléans (duc d').
Orloff (prince).
O'Donnel, général.
Orfila.
O'Grady (marine anglaise).
Obreskoff.
Ouchakoff.
Oudinot, duc de Reggio.
Ossuna (duc).
Octave Feuillet.
Offenbach.
Ortega.

Obin (Opéra).
Omer (Ambigu).
Oscar (Délassements).

Pie IX.
Pavy (Monseigneur), évêque d'Alger.
Persigny (comte de).
Pélissier, maréchal.
Parseval-Deschênes, amiral.
Padoue (duc de).
Partonneau (comte de), général.
Paté, général.
Pimodan (marquis de).
Polhes (baron de), général.
Pepoli (marquis de).
Palmerston (lord).
Pidal (marquis de).
Pilletwill (comte de).
Pourtalès (comte de).
Païva (vicomte de).
Panizzi.
Pujol (Abel de).
Pène (Henri de).
Ponson Du Terrail (vicomte).
Prevost Paradol.
Parizot, compositeur
Paganini.
Panofka.
Pérignon, peintre.
Pasquier (duc).
Paris (le Congrès de 1855).
Piorry, docteur.
Pie, évêque de Poitiers.

Pin, colonel.
Prusse (le roi Guillaume IV).
Prusse (le roi Guillaume V).
Portugal (le roi de).
Porto (le duc de).
Paër, compositeur.
Plantade (Charles).
Prudent (Emile).
Paulin, général.
Pellew, amiral anglais.
Pons, professeur d'escrime.
Philarète-Chasles, homme de lettres.
Philoxène Boyer.
Plouvier (Edouard).
Passini (Emilien).
Pie IX et les Prélats.
Praslin (duc de) et marquis de Chabannes.
Pozzo di Borgo.
Patrizzi, légat cardinal.
Palizzi (le comte de).
Prim, comte de Reus.
Prudent, pianiste.

Provost (Comédie-Française).
Petipa (Opéra).
Parade (Vaudeville).
Priston (Gymnase).
Pradeau (Palais-Royal).

Pélerin (Palais-Royal).
Pierron (Odéon).
Ponchard père.
Ponchard fils (Opéra-Comique).
Pérey (Charles (Gaîté).
Paulin Ménier (Gaîté).
Poirier (Palais-Royal).
Pitteri (Opéra).
Prilleux (Opéra-Comique).
Puget (Opéra-Comique).
Potel (Théâtre-Lyrique).
Pastelot (Variétés).

Russie (Alexandre II, Empereur de).
Radziwill (prince de).
Randon, maréchal.
Regnault de Saint-Jean-d'Angély.
Rose, général.
Rohan (duc de).
Ridouel, général.
Richepance (baron de).
Reyau, général.
Reille, colonel.
Robert Peel.
Reyneval (de).
Richemont (baron de).
Rianzarès (duc de).
Recuerdo (comte de).
Ribour.
Rogier (Firmin).
Repond, général.
Rossini, compositeur.
Ratisbonne (l'abbé).
Riancey (de), homme de lettres.
Rasponi (comte de)
Rochejacquelein (Henri de la).
Richelieu.
Ravignan (le R. P.).
Roguet.
Robert Houdin.
Roger de Beauvoir.
Ravina, pianiste.

Ricciardi, archevêque de Reggio.
Ricord, docteur.
Revoil, homme de lettres.
Rounat (de la), homme de lettres.
Radetzki, feld-maréchal.
Ricasoli (baron de).
Ratazzi.
Ravinet (Monseigneur), évêque de Troyes.
Russell (lord John).

Roger (Opéra).
Ravel.
Renard (Opéra).
Rémond (Opéra).
Regnier (Français).
Royer (Ambigu).
Rey (Odéon).
Rolland (Variétés).

Shah de Perse.
Sibour (Monseigneur).
Ségur (de) (Monseigneur).
Saint-Brieux (l'évêque de).
Sanet (l'abbé).
Schakowskoy (prince), général.
Saxe-Weimar (prince de).
Sapieha (prince de).
Saldanha (duc de), maréchal.
Sabouroff, maréchal.
Saint-Priest (de), général.
Sefer Pacha, général.
Schevitsch, général.
Slade, général.
Schimmelpeninck (comte de).
Stronoff (comte).
Sidney-Herbert (sir).
Senard, avocat.
Sauley, de l'Institut.
Saint-Arnault, maréchal.
Sauvant, général.
Schuloff, pianiste.
Sue (Eugène).
Sauboul, général.
Semet, compositeur.
Sardou, homme de lettres.
Schubert, compositeur.
Schick, feld-maréchal.
Schwartzenberg (prince).

Schmerling (comte de).
Simonetta, colonel.
Seligman, violoncelliste.
Sivori, violon.
Sacconi, nonce apostolique.
Stourdza (le prince).
Salzano, évêque de Tunesse (Italie).
Saint-Eugène (le curé de).
Saint-Yon, général.
Siraudin.
Solié (Emile).
Scribe.
Stop.
Soissons (Monseigneur) (l'évêque de).
San-Cataldo (prince).
Suède (le roi Charles XV).
Schamil.
Smith, colonel.
Salamanca.
Sultan (Abd-ul-Medjid).

Samson (Français).
Serene (Théâtre-Lyrique).
Sapin (Opéra).
Saint-Léon (théâtre de Saint-Pétersbourg).
Soldi (Italiens).
Saintefoy (Opéra-Comique).
Saint-Léon (Odéon).

Sipion (Odéon).
Saint-Germain (Vaudeville).
Stanislas (Folies-Dramatiques).
Salvini (Italiens).

Toscane (grand-duc de).
Troubetzkoy (prince Pierre).
Troubetzkoy (prince Nicolas).
Tréhouart, amiral.
Tascher de la Pagerie.
Toulongeon (marquis de).
Tchetverikoff, général.
Tinan (baron de).
Thiri, général.
Trochu, général.
Talissin, général.
Talleyrand (baron de).
Thiers.
Tolstoy.
Thierry (Edouard).
Thoré.
Trotis, général.
Todtleben, général.
Tercéra (duc de).
Thomas, général.
Thalberg, pianiste.
Turinaz, évêque de Tarente (Savoie).
Trousseau, docteur.
Turr, général.
Tony-Revillon, homme de lettres.
Taylord (baron).
Turgot (marquis de).

Tamberlick.
Talma.
Thiron (Odéon).
Tayau (Bouffes).
Train (Gymnase).
Touzard (Opéra).
Thierry (Variétés).
Touzé (Gymnase).
Tourtois (Théâtre-Déjazet).
Tagliafico.

Ubach (Louis).

Victor-Emmanuel.
Villafranca (duc de).
Villafranca (prince de).
Vaillant, maréchal.
Vinois, général.
Vauban (de), général.
Vécly (de), général.
Vrisky (comte).
Vefyk Effendi.
Villamarina (marquis de).
Vernet (Horace).
Ventura de la Véga.
Verdi.
Villemessant.
Volowski.
Velpau, docteur.
Vaez (Gustave).
Villemain.
Vieuxtemps.
Vibert, évêque de St-Jean-de-Maurienne.
Villemot.
Villecourt, cardinal.
Vries, docteur.
Vigny (Alfred).

Viltard (Folies-Dramatiques).
Vavasseur (Folies-Dramatiques).
Vestri (Italiens).

Woodall (Monseigneur).
William Osborn (Louis).
Worsley.
Wurtemberg (le prince de)
Walewsky (comte de).
Wanderstjerna, général.
Werderewsky.
Wellington.
Wagner (Richard).
Wimpfen, général.

Wartel (Théâtre-Lyrique).
Warot (Opéra-Comique).

Xavier de Montepin.

Yriarte (Carlos).

Zucchini.
Zevaco.

Mesdames

Albe (duchesse d').
Anna Murat (princesse).
Antoine Bonaparte (princesse).
Archiduchesse Sophie.
Archiduchesse Charlotte.
Alexandra Feodorowna, Impératrice douairière de Russie.
Alix, princesse de Parme.
Adélaïde, princesse de Parme.
Angoulême (duchesse d').
Adélaïde (princesse).
Anne d'Autriche.
Aumale (duchesse d').
Aquila (princesse d').

Alboni (Théâtre-Italien).
Aguillon (Gaîté).
Altiere, cantatrice.
Abingdon (Vaudeville).
Anna (Délassements).
Antonine (Gymnase).
Albert (Porte-Saint-Martin).
Arène (Odéon).
Antonine (Odéon).
Alexis (Vaudeville).
Alice la Provençale.

Alexandre (Opéra).
Amélie (Cirque Impérial).
Amélie (Hippodrôme).
Argentine (Porte-Saint-Martin).
Adams (ballet de Covent-Garden).
Adorcy (Gaîté).
Adèle (Porte-Saint-Martin).
Alida (Palais-Royal).
Aline (Opéra).
Alexandrine (Porte-Saint-Martin).
Anna (Porte-Saint-Martin).
Athalie (Vaudeville).
Arnal (Bouffes).
Antonia (Théâtre-Déjazet).
Adolphine (Gaîté).

Bacchiochi (la princesse).
Bonaparte (la princesse Julie).
Bonaparte (la princesse), comtesse de Primoli.
Brabant (duchesse de).
Bourbon (Marie de), princesse de Capoue.
Berri (duchesse de).
Belges (la reine des).
Bonheur Rosa.

Brindeau (Vaudeville).
Bressant (Marie) (Vaudeville).
Bruyère (Délassements).
Busseret (Délassements).
Botalli (théâtre de la Scala, à Milan).
Bremont (Cirque).
Bérangère (Vaudeville).
Bosio (Italiens).
Basta (grand théâtre de Bordeaux).
Buhler (Opéra), danse.
Barretti (Théâtre-Lyrique).
Bonval (Théâtre-Français).
Bengraff (Opéra).
Bourgoin aînée (Opéra).
Bourgoin jeune (Opéra).
Bréard (Opéra).
Brunette (Opéra).

Brache (Coralie) (Opéra).
Blanchard (Ambigu).
Buisson (Opéra).
Berlin (Cirque-Impérial).
Blanche (Folies-Dramatiques).
Battu (Italiens).
Boisgontier (Variétés).
Barbot (Opéra), chant.
Bousquet (Opéra-Comique).
Bloch (Gymnase).
Beuzeville (Odéon).
Bodin (Vaudeville).

Clotilde (princesse).
Caroline Murat, baronne de Chassiron.
Christine de Bourbon (S. M. la Reine).
Capoue (la princesse Victoria de).
Chabrillan (comtesse de).
Charlotte Corday.
Chambord (comtesse de).

Céline Montaland (Porte-Saint-Martin).
Corine (Opéra), danse.
Cassegrain (Opéra), danse.
Cabel (Marie) (Opéra-Comique).
Cordier (Opéra-Comique).
Cambardi (Théâtre-Italien).
Chapuy (Porte-Saint-Martin).
Chevallier (Porte-Saint-Martin), danse.
Clarisse (Porte-Saint-Martin), danse.
Clauzade (Porte-Saint-Martin), danse.
Camille (Opéra).
Carabin (Opéra).
Céleste (Opéra).
Clara (Folies-Dramatiques).
Colas (Augusta) (Français).
Colas (Stella) (Français).
Céréza (Cirque-Impérial).
Cécile (Opéra).
Ceretti (Opéra-Comique).

Chatenet (Opéra-Comique).
Cico (Palais-Royal).
Clémentine (Théâtre-Déjazet).
Caroline (Opéra).
Clerc (Cirque-Impérial).
Charton (théâtre de Saint-Pétersbourg).
Chabert (Bouffes).
Caroline (Hippodrôme).
Clodia (Hippodrôme).
Clarisse (Cirque-Impérial).
Carré (Odéon).
Conti, danseuse (th. de la Scala, à Milan).
Carmine, danseuse (théâtre de la Scala, à Milan).
Chenat (Léonie) (Variétés).
Crenisse (Palais-Royal).

De la Pommeraye (Opéra).
Ducimetière (Opéra).
Danse (Opéra).
Dansfeld (Opéra).
Delconet aînée (Opéra).
Delconet jeune (Opéra).
Dussy (Marie) (Opéra).
Déjazet.
Devoyod (Français).
Desclée (Gymnase).
Desmonts (Bouffes).
De champs (Rose) (Bouffes).
Defodon (Ambigu).
Delaitre (Opéra-Comique).
Dupuy (Opéra-Comique).
Denain (Théâtre-Français).
Doche (Vaudeville).
Dorval. — Drames.
Delval (Gymnase).
Dedine (Cirque-Impérial).
Desclos (théâtre de Bruxelles).
Derville (Cirque).
Derieux (théâtre de Bordeaux).
Dieudonné (Gymnase).
Damande (Délassements).
Durosay (Folies-Dramatiques).
Devecchi (Carlotta) (Porte-Saint-Martin).
Dalmondi (Italiens).
Dottini (Italiens).

Dubouchet (Palais-Royal).
Deschamps (Elisa) (Palais-Royal).
Dubuisson (Variétés).
Duplessy (Vaudeville).
Durand (Théâtre-Lyrique).
Duchâtelet (Folies-Dramatiques).
Darty (Porte-Saint-Martin).
Derville (Olympe) (Folies-Dramatiques).
Derosnay (Variétés).
Ducellier (Palais-Royal).
Duval (Aline) (Palais-Royal).
Dolci (Variétés).
Dutertre (Variétés).
Daudoir (Variétés)

Eugénie, Impératrice.
Elisabeth.
Eugénie de Leuchtemberg (princesse).

Emma Livry (Opéra).
Ester (Porte-Saint-Martin).
Essler (Jeanne) (Vaudeville).
Emarot (Opéra).
Eydens (Délassements).
Emma Fleury (Français).
Edile Riquier (Français).
Esther (David) (Gaîté).
Eléonore (Folies-Dramatiques).

Faure Lefebvre (Opéra-Comique).
Félicie (Porte-Saint-Martin).
Ferraris (Opéra).
Figeac (Théâtre-Français).
Fiocre (Opéra).
Fix (Delphine) (Français).
Fleury (Emma) (Français).
Féval (Lucie) (Porte-Saint-Martin).
Fournier (Palais-Royal).
Faivre (Marie) (Théâtre-Lyrique).
Favard (Français).
Fargueil (Vaudeville).
Frezzolini (Italiens).
Friedberg (théâtre de Saint-Pétersbourg).
Francine (Opéra-Comique).
Ferney (Théâtre-Déjazet).
Ferni, Angelo et Thérésa.

Girardin (Emile de).

Gueymard (Opéra).
Guillemin (Vaudeville).
Guy (Stéphan).
Garnier (Bouffes).
Gabrielle (Vaudeville).
Gérard (Délassements).
Guichard (Porte-Saint-Martin).
Génat (Opéra).
Gabot (Opéra).
Girard (Théâtre-Lyrique).
Guyon (Français).
Guerner (Opéra).
Grandet (Marie) (Porte-Saint-Martin).
Géraldine (Théâtre-Déjazet).
Georgette (Palais-Royal).
Guyon Jarry (Folies-Dramatiques).
Gervais (Variétés).

Hortense (la reine).
Hamilton, grande duchesse.

Harville Brindeau (Odéon).
Henriette (Délassements).
Hugon (Théâtre-Français).
Hannegresse (Vaudeville)
Henry (Amélie) (Variétés).
Henry (Marie) (Variétés).
Hélène (Cirque).
Hortense (Folies-Dramatiques).
Hélène (Variétés).
Harmand (Délassements).

Impératrice de Chine.
Isabelle II, reine d'Espagne.
Impératrice de Russie.
Impératrice d'Autriche.

Ida Klose (Bouffes).

Julie Bonaparte (princesse).
Josepha Fernanda de Bourbon.
Jeanne d'Arc.
Joinville (princesse de).

Jeanne (Bouffes).
Julien (Théâtre-Déjazet).
Jousse (Opéra).
Jouvante (Français).
Jouassin (Français).
Julia (Folies-Dramatiques).
Jeanne (Délassements).
Jousset (Théâtre-Lyrique).
Juliette Borghèse (Théâtre-Lyrique).
Juliette Pellissier (Odéon).
Jenny Lind.
Janin (Rose) (Palais-Royal).

Karoly (Odéon).
Kunze (Bouffes).

Leutchtemberg (princesse Eugénie).
Lætitia Bonaparte (princesse).
Lamoricière (de).
Lamballe (princesse de).
Lablache de Méric.

Lemercier (Opéra-Comique).
Lambquin (Français).
Lambert (Marie) (Gymnase).
Leménil (Gymnase).
Lucie (Palais-Royal).
Laurent (Eudoxie) (Cirque).
Lecits (Opéra).
Laurent (Opéra).
Lamy (Odéon).
Lagier (Suzanne).
Lesage (Opéra).
Lécriture (Vaudeville).
Lucile Durand (Variétés).
Lagrua.

Mathilde (princesse).
Montijo (comtesse de).
Murat (princesse Caroline).
Murat (princesse Joachim).
Murat (princesse Anna).
Montemolin (comtesse de).
Marguerite, princesse de Parme.
Marie-Antoinette.
Marie-Amélie.
Marie de Médicis.
Marie-Thérèse-Charlotte, dauphine.
Montpensier (duchesse de).
Marie-Louise.
Marie de Russie, grande-duchesse).
Montebello (duchesse de).
Morny (comtesse de).
Malakoff (duchesse de).

Marquet (Louise) (Opéra).
Marchisio Barbara (Opéra).
Marchisio Carlota (Opéra).
Mauperin (Opéra).
Milanollo (Théréza) (Opéra).
Morando (Opéra).
Moreau (Théâtre-Lyrique).
Mareschal (Bouffes).
Maria (Théâtre-Déjazet).

Martin (Chapelle impériale).
Marty (Ambigu).
Mélanie (Délassements).
Montaland (Céline) (Porte Saint-Martin).
Milla (Ambigu).
Martine (Palais-Royal).
Mélannie (Gymnase).
Méa (Odéon).
Moïse (Variétés).
Mentz (Folies-Dramatiques).
Madeleine (Palais-Royal).
Morlot (Opéra).
Masson (Opéra).
Madeleine Brohan.
Moreau-Sainti (Opéra).
Meillet (Théâtre-Lyrique).
Mongeal (Gaîté).
Miolan-Carvalho (Théâtre-Lyrique).
Monrose (Opéra-Comique).
Marguerite Rigolboche.

Naples (reine de).
Nemours (duchesse de).

Nathalie (Français).
Nelly (Porte-Saint-Martin).
Noël (Cirque).
Nantier (Porte-Saint-Martin).
Nathan (Opéra).
Nolla (Opéra).
Noailles (Cirque-Impérial).
Nattier (Bouffes).
Nantier Didiée.

Olga, grande-duchesse.

Prmoli (comtesse de).
Parme (duchesse de).
Pélissier, duchesse de Malakoff.

Penco (Italiens).
Pierson (Vaudeville).
Pommeraye (de la) (Opéra).
Pasant (Opéra).
Picard (Odéon).
Ponsin (Français).
Prévost (Palais-Royal).
Prost (Opéra-Comique).
Protat (Palais-Royal).
Philippe (Porte-Saint-Martin).
Piteri (Opéra).
Pékide (Théâtre-Déjazet).
Paurelle (Délassements).
Page (Cirque).
Petit (Ambigu).

Quéniaux (Opéra).

Récamier.
Rosa Bonheur.

Rachel.
Ristori.
Rosati.
Rima (Ambigu).
Raffaella Montero.
Roux (Hélène) (Délassements).
Rigolboche.
Ramelli (Odéon).
Ramage (Folies-Dramatiques).
Rébard (Opéra).
Rey (Porte-Saint-Martin).
Rita (Porte-Saint-Martin).
Rosine (Folies-Dramatiques).
Rosiès (Théâtre-Lyrique).
Rameau (Délassements).

Saxe Weimar (la princesse).
Stael.

Sax (Marie) (Opéra).
Schneider (Palais-Royal).
Scrivaneck (Variétés).
Ségaud (Opéra).
Simons (Opéra).
Solange (Théâtre-Lyrique)
Schlosser (Opéra).
Sidonie (Porte-Saint-Martin).
Stainville (Opéra).
Savelle (Opéra).
Stoltz (Opéra).
Suzanne Lagier (Gymnase).
Sontag.
Suzanne (Variétés).
Sanlaville (Opéra).
Sarolta.

Taglioni (Opéra), danse.
Thuillier (Odéon).
Thierret (Palais-Royal).
Thaïs-Petit (Cirque-Impérial).
Thierry (Variétés).
Thibert (Opéra).
Touzé (Gymnase).
Tournois (Théâtre-Déjazet).
Tonine.
Tautin (Bouffes).
Tostée (Bouffes).
Touzard (Opéra).
Thiron (Odéon).

Ugalde (Opéra-Comique).
Ulric Lejars (Vaudeville).

Victoria (S. M. la Reine).

Viardot (Opéra).
Vernet (Opéra).
Vibon (Opéra).
Victoria (Gymnase).
Vestvali (Opéra).
Wertheimber (Opéra-Comique).
Vecchi (Carlotta de) (Porte-Saint-Martin).
Villiers (Opéra).
Valois (Ambigu).
Valet (Opéra).
Victorine (Variétés).
Vadé (Théâtre-Lyrique).
Vadé (Caroline) (Théâtre-Lyrique).
Virginie (Porte-Saint-Martin).
Vandenheuvel-Duprez (Opéra).

Yung, pianiste.

Zina (Richard) (Odéon).
Zoé Bélia (Opéra).

Paris.—Imp. parisienne.—MARCHAND frères et Cie, rue d'Enghien, 41.

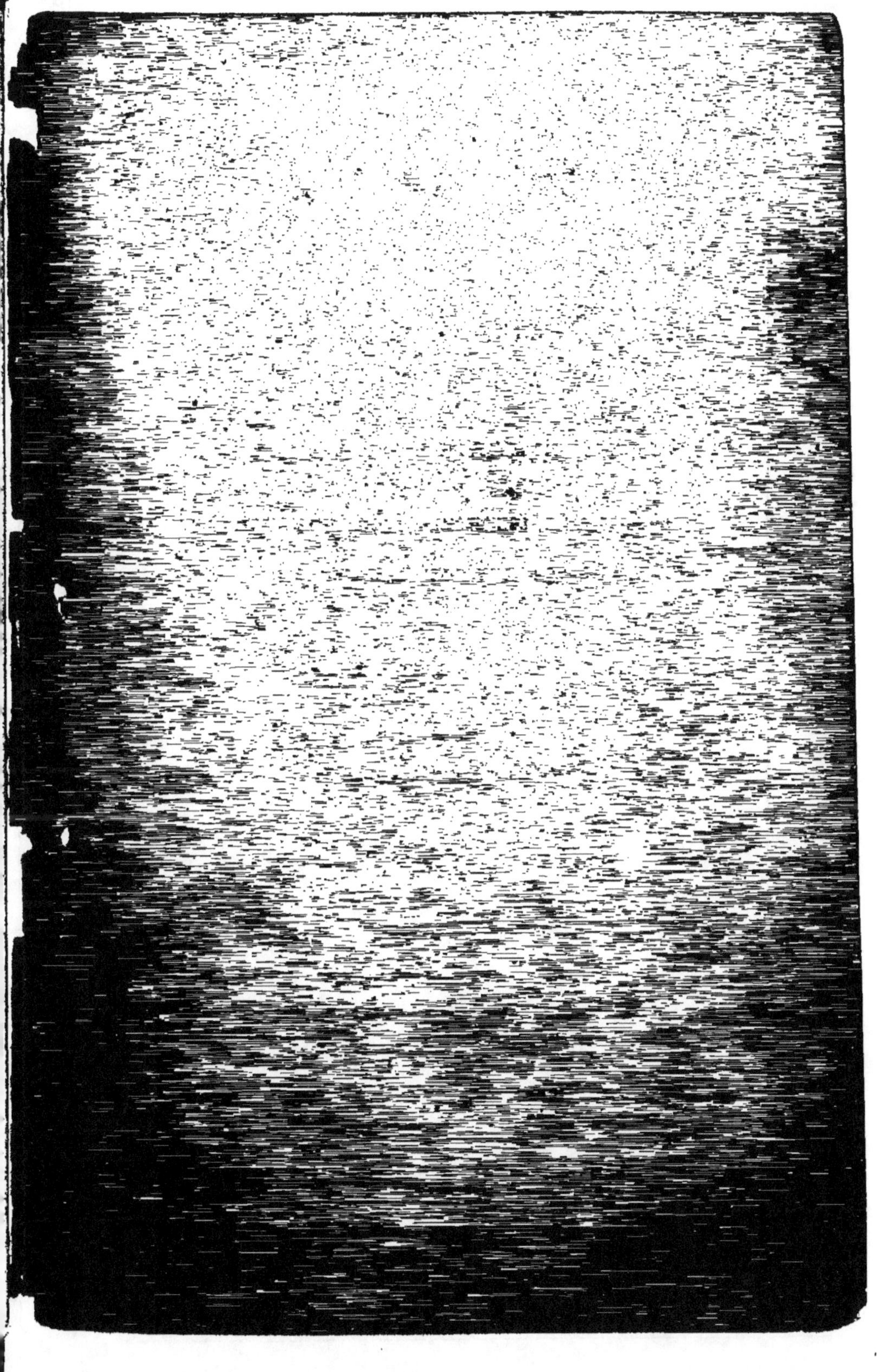

IMPRIMERIE PARISIENNE

ADMINISTRATIVE, COMMERCIALE, INDUSTRIELLE, ARTISTIQUE

ET DES CHEMINS DE FER

DE

MARCHAND Frères et Cie

PARIS

RUE D'ENGHIEN, 14.

www.ingramcontent.com/pod-product-compliance
Lightning Source LLC
LaVergne TN
LVHW020449230826
846091LV00004B/1621

* 9 7 8 2 0 1 3 6 8 1 2 0 9 *